Los detectives

por Juan Lester
ilustrado por Donna Catanese

Scott Foresman
is an imprint of

Glenview, Illinois • Boston, Massachusetts • Chandler, Arizona
Upper Saddle River, New Jersey

Illustrations by Donna Catanese

ISBN 13: 978-0-328-53357-2
ISBN 10:   0-328-53357-2

Copyright © by Pearson Education, Inc., or its affiliates. All rights reserved. Printed in the United States of America. This publication is protected by copyright, and permission should be obtained from the publisher prior to any prohibited reproduction, storage in a retrieval system, or transmission in any form or by any means, electronic, mechanical, photocopying, recording, or likewise. For information regarding permissions, write to Pearson Curriculum Rights & Permissions, One Lake Street, Upper Saddle River, New Jersey 07458.

Pearson® is a trademark, in the U.S. and/or other countries, of Pearson plc or its affiliates.

Scott Foresman® is a trademark, in the U.S. and/or other countries, of Pearson Education, Inc., or its affiliates.

2 3 4 5 6 7 8 9 10 V0N4 13 12 11 10

Observa el dibujo. ¿Qué ves? ¿Quién crees que rompió el recipiente de las galletas? ¡Pronto lo sabrás!

¿Crees que fue el perro o quizás el gato? ¿Fue la abuela o Claudio? Mira las huellas de patas que hay entre las piezas del recipiente roto. ¿Ves con claridad si son grandes o pequeñas?

Si crees que fue ese mismo gato con cara de pillo el que rompió el recipiente, tienes razón. ¡Está claro! Lo descubriste tú mismo.

Eso es lo que hacen los detectives. El trabajo de los detectives es descubrir qué ocurrió.

Las huellas de las patas eran una pista. Una pista te ayuda a aclarar los hechos para saber qué pasó.

Los detectives siempre buscan pistas.

A veces no se pueden encontrar pistas sólo con mirar. Quizás no haya ninguna. En su lugar, puedes hacer preguntas a la gente y las respuestas te pueden dar la solución al fin.

Diferentes tipos de detectives

Hay diferentes tipos de detectives. Algunos son oficiales de policía y ayudan a resolver delitos.

Otro tipo de detectives son los investigadores privados. Su principal trabajo es buscar personas y cosas perdidas.

¿Te gustaría ser un detective?